RHEINE

Der leidenschaftliche Leser ist neugierig und offen.
Er ist ein Mensch, für den es nichts Spannenderes gibt, als die Welt
aus heimatlicher Perspektive zu entdecken.

Wir freuen uns, dieses Projekt unterstützen zu dürfen!

Mijo M. Jongebloed   I   Dr. Ingmar Winter

RHEINEHEIMAT

Tecklenborg Verlag

INHALT

Lebenswert, liebenswert, pulsierend und lebendig – einfach Rheine. Diese Adjektive beschreiben das Leben an der Ems hervorragend und das nicht erst seit Kurzem. Schon im Mittelalter war Rheine ein beliebtes „Pflaster" für die Menschen. Angefangen vom Naherholungsgebiet Bentlage mit dem im Jahre 1437 errichteten, ehemaligen Kreuzherrenkloster, der Saline Gottesgabe mit seinem nahezu 300 Meter langen Dorngradierwerk bis hin zur Keimzelle der Stadt Rheine, dem Falkenhof und natürlich der Ems bietet Rheine umfangreiche Angebote für seine Bürgerinnen und Bürger, wie auch für die Menschen aus dem Umland. Doch damit nicht genug. Die vielfältigsten kulturellen und sportlichen Veranstaltungen und nicht zuletzt die Rheiner Bürgerschaft machen unsere Emsstadt erst lebendig und vital.

Ich freue mich sehr, dass der Fotodesigner Mijo M. Jongebloed die Lebendigkeit, die Vielseitigkeit und die Menschen aus Rheine fotografisch festgehalten hat. Aus diesen gezielten Schnappschüssen, die sich insbesondere durch ihre Farbintensität und die außergewöhnlichen Perspektiven auszeichnen, ist dieser umfangreiche, durchgängig farbig gestaltete und großformatige Bildband unter dem einprägsamen Titel „RHEINEHEIMAT" entstanden. Es ist ein Bildband, der, wie ich finde, in jeden Bücherschrank gehört und der einem die schönsten Ecken und Winkel Rheines vor Augen führt. Weiterhin vermittelt er einen eindrucksvollen Einblick in die vielfältige Kultur- und Naturlandschaft Rheines.

„RHEINEHEIMAT" ist ein wunderbares Buch über Rheine und bietet seinen „Leserinnen und Lesern" abwechslungsreiche Ansichten aus unserer Stadt. Es ergänzt den Bestand, die das kulturelle und gesellschaftliche Leben an der Ems dokumentieren, um ein weiteres Druckwerk. An dieser Stelle gilt mein ganz herzlicher Dank Herrn Mijo M. Jongebloed, der die Idee zu diesem Bildband hatte, der immer auf der Suche nach „dem perfekten Lichteinfall" war und mit Hochdruck an der Umsetzung dieses erstklassigen Projektes gearbeitet hat. Das Ergebnis halten Sie nun in Ihren Händen und es ist im wahrsten Sinne des Wortes beeindruckend. Weiterhin danke ich allen Beteiligten, die an der Umsetzung mitgewirkt haben, recht herzlich. Dem Buch wünsche ich zahlreiche begeisterte „Leserinnen und Leser" und diesen viele tolle Eindrücke aus der Emsstadt Rheine.

Dr. Angelika Kordfelder
Rheine, im Oktober 2011

ESSAY

Es ist, glaube ich, noch gar nicht so lange her, dass erstmals die Kunst der Fotografie tiefsinnig auf mich wirkte. Der Ort war eine Wellness Oase mit wunderbaren Fotografien, die mich im warmen Licht mit leiser Hintergrundmusik mit auf eine träumerische Reise nahmen. Ich fragte mich, was ist das für ein Mensch, der in seiner Art zu fotografieren die Natur so kunstvoll festhält. Zwei Jahre später lernte ich während einer Vernissage den Fotografen und Künstler Mijo M. Jongebloed und seine Fotografien kennen. Beim Betrachten der Bilder erfuhr man bereits viel über den Künstler. Die bestechende Genauigkeit, Schärfe und Brillanz waren beeindruckend. Ich war sehr interessiert und so kamen wir schnell ins Gespräch. Während mir Mijo M. Jongebloed mit tiefsinnig sanftem Ton den Ort beschrieb, an dem er die soeben von mir bestaunte Landschaft in Rheine belichtete, dachte ich an einen Vers von Rainer Maria Rilke. „Kommt, staunet, seiet still und lasset eure Sinne besiegen".

Ich tauchte ein in das Motiv mit aufgehender Sonne, in der die Natur erwacht. Gewaltig erschien mir das Licht der Sonne, und plötzlich erinnerte ich mich an ein Bild, welches früher über meinem Kinderbett mit gleichen eindrucksvollen Farben zum Träumen eingeladen hatte. Die Gabe, fantasievoll zu sehen, war mir also gar nicht neu, ich hatte sie nur mehr als 50 Jahre nicht intensiv gelebt. Also ließ ich meine Sinne besiegen und tauchte noch tiefer in die Fotografie ein und fragte mich, was hat Mijo M. Jongebloed empfunden, als er mit dem Auslöser seiner Kamera diese Aufnahme belichtete. Auf meine Frage, ob er verbunden mit seiner Kunst ein Träumer sei, nickte er, es folgte ein leises „Ja", und hinter seinen Augen war etwas Geheimnisvolles nicht zu übersehen.

Während er sich weiteren Besuchern der Ausstellung widmete, ließ mich seine Fotografie noch nicht los.

Bäume haben sich im Laufe ihrer Jahre oft der Kälte und stürmischen Zeiten beugen müssen. In ihnen steckt eine kraftvolle und wunderbare Natur. Ihre Wurzeln sorgen für sicheren Halt und ein wundervolles Wachstum eines jeden Ablegers und jedes seiner Blätter. Der Baum atmet und spendet uns Menschen den Sauerstoff, ohne den wir die wundervolle Natur nicht sehen und erleben könnten. Wie oft Mijo, angetrieben von seinem Perfektionismus und als Dauerdenker mit der Suchermaske zu seinen Motiven ging, ist nur zu erahnen. Von der Idee bis zur fertigen Fotografie liegen mit Gehzeiten wie Sonnenstand, Tages- und Jahreszeiten Welten. Er bringt auf seine Art die Welt, in der er lebt, für uns Mitmenschen kunstvoll und liebenswert zum Ausdruck.

Als ich mich am Tag der Vernissage von Mijo M. Jongebloed verabschiedete, erfuhr ich von seiner Idee, einen Bildband mit Motiven unserer Stadt Rheine zu erstellen. Ich konnte sein Werk kaum erwarten. Jedes seiner Motive wird uns mitnehmen auf eine fantasievolle Reise, die so einzigartig ist, wie der Titel dieses Buches. Ich freue mich, einen Menschen kennengelernt zu haben, der uns in unserer Welt Dinge zeigt, an denen wir meist achtlos vorüber gingen.

Noch eine Anmerkung zum Schluss. „Ich sehe etwas, was du nicht siehst", ist ein alter Spruch. Vielleicht nehmen wir uns mit diesem Zitat die Zeit, das Besondere in den Fotografien im Bildband „RHEINEHEIMAT" zu sehen.

Heinz Schulte

EIN SONNENHAFTES AUGE FÜR RHEINE

Der hier vorliegende Bildband über Rheine und seine Umgebung hängt sich an die Reihe seiner zahlreichen Vorgänger an, sodass der Betrachter ihn vielleicht mit Skepsis aufblättert, weil er die abermalige Wiederkehr des bereits veröffentlichten Gleichen erwartet: Hier die Dionysiuskirche am Markt, dort das Heimathaus am Stadtrand, ein paar Seiten weiter Bilder vom Kloster Bentlage und weitergeblättert eine alte Kirche der nahen Umgebung und dann natürlich die eingefrorenen Szenen von der Kirmes und vom Kinderflohmarkt, vom regen Marktleben und herausragenden Kultur-Events – alles Dokumentationen eines bekannten Stadtlebens.

Doch der hier vorliegende Bildband von Mijo M. Jongebloed ist anders, soll und muss vor allem anders betrachtet werden. Der besondere Sehaspekt liegt (wieder einmal) im Auge des Fotografen. Drei Besonderheiten der vorliegenden Fotoarbeit sollen hier erwähnt werden: Zuerst sind es die vielen Panoramabilder, die einen attraktiven Eindruck dem Betrachter vermitteln. Sodann ist es der „neue"

Linsenblick, der von unten (Froschperspektive) oder oben (Vogelperspektive) bisher ungeahnte Sichtweisen auf unsere Stadt eröffnet. Schließlich ist es der lange Zeitraum von sechzehn Monaten einer Fotopirsch, die es dem Fotografen erlaubte, in allen Jahreszeiten diese Fotos zu machen.

So ist dieser Bildband mit „aktuellem" und künstlerischem Blick zusammengestellt, zeigt attraktive Fotos der Stadt Rheine und ihres Umlandes, neue Blickwinkel der historischen Architektur, das reiche Kulturleben und die wunderschöne Umgebung dieser Emsstadt. Aus all diesen Perspektiven eines städtischen Lebens, gründend in der Vergangenheit und hineinreichend in die Gegenwart, legen viele „bunte" Bilder ein dauerndes Zeugnis ab.

Warum aber wird einem Betrachter das Lesen dieses Textbeitrages empfohlen, wenn es in diesem Bildband auf das Betrachten ankommt?

Dieser Essay will versuchen, dem Betrachter die „Rückseite" der Fotos, vom Fotografen in großer Geduld „geschossen", zu offenbaren. Er will auf die „Transparenz"

der Fotografien allgemein und hier im Besonderen hinweisen, um hinter dem archivarisch Konservierten, das auch in diesem Band zweifellos seinen unerlässlichen Sinn hat, die Seite des Künstlerischen sehen zu lassen.

Damit wird der alte Streit angesprochen, ob die Fotografie als pure Abbildung des Realen nicht aus dem Reich der Kunst verbannt werden müsse. Als Beleg dieses Urteils werden gern die französischen Impressionisten genannt, wie sie ein halbes Jahrhundert nach Louis Daguerre, dem Erfinder des ersten fotografischen Verfahrens, die Naturaufnahmen in ihre Ateliers holten, um aus den Abbildern der Natur Objekte der Kunst für ihre Leinwände zu machen.

Der Streit, ob ein Foto in den Bereich der Kunst gehört oder nicht, ist heute längst entschieden. Man hatte bislang immer eines übersehen: Nicht die Kamera schafft die künstlerische Seite der Fotografie, sondern das Auge und der Wille des Fotografen, nicht das objektive Erfassen eines Ereignisses macht das Bild aus, sondern die Aussageabsicht des Fotografen. Fotos dürfen nicht allein beurteilt werden nach dem, was sie darstellen, sondern sollen eingeschätzt werden nach der Bedeutung, die sie im Zufälligen beim Auslösen des Kameraverschlusses preisgeben.

Fotos müssen durch den „offenen Blick" des Betrachters transparent werden: Diese sind manchmal wie ein Teleskop, das das Weite nahe rückt, manchmal wie ein Mikroskop, das ins Innere schauen lässt. Fotografien sind „Sehhilfen", sie ermöglichen dem Beschauer Dinge zu sehen, die nicht oder nicht mehr in seiner aktuellen Gegenwart sind.

Eines wird natürlich nicht geleugnet: Das Fotografieren ist in erster Linie ein mechanischer und automatisierter Prozess, der auch in der Zeit der Digitalisierung die „Objektivität" des Abgelichteten im fotografischen Bild garantiert. Aber – und darauf kommt es hier an – „die exakteste Technik kann ihren Hervorbringungen einen magischen Wert geben", wie es vor mehr als einem halben Jahrhundert Walter Benjamin erkannte.

Auf die Spur nach dem „magischen Wert" eines Fotos möchte dieser Beitrag den Betrachter dieses Bildbandes setzen, im einzelnen Bild den „metaphorischen" Hintergrund sehen lassen, im Abbild des Alltäglichen das Außergewöhnliche entdecken, das Künstlerische eines Fotos in der „Perfektion und Schönheit des Abgebildeten" (Paul Outerbridge) erleben. Das setzt allerdings beim Betrachter voraus, dass er die hier gezeigten Fotos nicht (nur) als dokumentarische Archivstücke sieht, sondern die emotionale Ausdruckskraft der Bilder in den Vordergrund rückt. Die symbolische Bedeutung der Fotografie kann nicht aus dem Objekt, aus dem Gegenstand der Außenwelt genommen werden, sondern aus dem Innern des Beschauers.

Einen solchen Sehaspekt vom Betrachter einzufordern, ist an dieser Stelle leichter gesagt als getan. Doch die Grundlage aller ästhetischer Betrachtung ist die Behauptung Goethes („Zahme Xenien III", 1823) über das Verhältnis zwischen Künstler (der Fotograf sei hier natürlich einbezogen) und dem Betrachter:

„Wär' nicht das Auge sonnenhaft, Die Sonne könnt' es nie erblicken."

Was bedeutet dieser geheimnisvolle Vers? Doch nichts anderes, als dass der Betrachter eines Kunstwerks, und damit auch einer Fotografie, fähig ist, den Blick des Künstlers zu erfassen oder nachzuvollziehen. Und nichts ergreift einen Menschen vor einem Kunstwerk mehr als das, was er begreift. Der Rezipient eines Kunstwerks hat die Fähigkeit, ein Gemälde (hier: ein Foto) mit demselben ästhetischen Blick zu betrachten, mit dem der Künstler (hier: der Fotograf) sein Bild gestaltet.

Möge der Betrachter mit dieser selbstbewussten ästhetischen Fähigkeit diesen Bildband durchblättern, indem er sich in die Person des Fotografen versetzt, um mit dem Auge der Kamera alle diese Abbildungen anzusehen.

Er achte in erster Linie auf die Bildkomposition: Der vorgegebene Bildausschnitt des Suchers zwingt den Fotografen, diesen oder einen anderen Blickwinkel einzunehmen. Welchen hat er nun aus mehreren Perspektiven ausgewählt? Ein Blick durch einen schmalen Fensterausblick auf die Antonius-Basilika hebt die Kirche auf eine neue Bedeutungsebene, und Giebel und Laterne entziehen dem Bild die Aktualität und setzen das Objekt in seine eigene Geschichte.

Zur Bildkomposition gehört die Umrahmung des Objekts. Wie geben Blätterwerk

oder Mauersims, Fensterrahmen oder verschnörkelte Eingangstore den Eindruck der Weite, der ruhigen inneren Distanz? Bedeutungsvoll auch die Wahl der Tages- oder Jahreszeit, in der ein Foto entsteht. Der Morgen zeigt ein anderes Licht als der dämmerige Abend, der helle Mittag ein anderes als die Nacht. Ein und dasselbe Objekt, z. B. eine Stadtansicht, wird mit der Wahl der Tageszeit in eine vom Betrachter imaginierte Atmosphäre gezwungen.

Der Einfluss der Jahreszeit auf die Motivauswahl ist jedem Kunstbetrachter bekannt, die unterschiedliche Farbpalette der Natur im Jahreslauf reizt Maler und Fotografen gleichermaßen, sogar das scheinbar „tonlose" Weiß des Winters gibt dem abgebildeten Objekt einen Deutungsrahmen, den der Rezipient je nach seinem Empfinden ausfüllen wird.

Die Fotografie ist eine „Lichtschreibung". Das Licht erst schafft die Farben, in völliger Dunkelheit gibt es keine. Erst durch die Bildkomposition, durch Licht und Farbenspiel wie in der klassischen Malerei, wird eine Metaphorik übermittelt, die über die Bildinformation hinausgeht. Ich komme zum Anfang meines Essays zurück: Eine Kamera sieht anders als das menschliche Auge, dieses aber schafft die Deutung

im Sinne des Fotografen. Mag dieser auch noch so oft den Zeitpunkt wählen, die Jahreszeit oder den Standort: Jedes Foto ist nur die Abbildung des Zufälligen. Und dennoch (oder gerade deswegen) muss der Betrachter das „künstlerisch Gewollte" in jeder Abbildung sehen. Was über die Bildkomposition bereits gesagt wurde, gilt auch über die Wahl von Blende und Belichtung. Zwar sind diese Einstellungen schon seit den 1960er Jahren zunehmend automatisiert worden und die Digitalisierung hat das noch perfektioniert, aber gerade für diesen Bereich wird die Vermeidung einer automatischen Kameraeinstellung zur Unterscheidung zwischen „Knipsen" und „Fotografieren". Was die Automatik z. B. als „Bewegungsunschärfe" nie zulassen würde, bekommt als bewusste Wiedergabe einer Bewegung (hier: Glockenturm St. Dionysius) im stillen Umfeld eine tiefe Bedeutung.

Fazit: Spezifische Bilddeutungen müssen im Kopf des Betrachters konstruiert werden, sichtbare Motive evozieren über abgebildete Motive hinaus Gefühle im Spektrum eigener Emotionalität. Mit diesem Sehaspekt möge der Leser diesen neuen Bildband durchblättern und es wird ihm gelingen, die „Transparenz" der Fotografien zu erkennen.

Dr. Ingmar Winter

RHEINE HEIMAT

Innenstadt & Altstadt

Jede Stadt nimmt seinen Ausgangsblick vom Marktplatz. Der rechteckige Platz im einst politischen, wirtschaftlichen und geistigen Zentrum Rheines hat seinen mittelalterlichen Charakter bewahrt, er war die Wohnstube der Bürger und um ihn gruppierten sich die prächtigsten Häuser.

Noch heute hat der Marktplatz, wenn er auch tiefgreifende Veränderungen im Grundriss erfahren hat, eine zentrale Funktion und legt mit seinen zahlreichen Giebelhäusern ein Zeugnis von der einst stadtbildprägenden Bedeutung ab. Mit dem Beilmannschen Haus (Markt 15) ist am Markt das älteste und nahezu komplett erhaltene Bürgerhaus der Altstadt zu finden. Ein beredtes Zeugnis für die Kunstgeschichte Rheines ist auch das Beckerssche Haus (Markt 12), das ein bürgerlich imposantes Erscheinungsbild gegenüber der Stadtpfarrkirche St. Dionysius abgibt.

Die Eingemeindung des ehemaligen Gerichtsplatzes „Thie" ließ seit dem Ende des 15. Jahrhunderts ein erweitertes Stadtgebilde mit der Stadtkirche und dem Marktplatz entstehen. Hier wurden Reste eines ersten Rathauses der Stadt freigelegt, das 1899 abgerissen wurde, weil es dem Marktbetrieb im Wege stand. Ab 1662 wurde Rheine als aufblühende Emsstadt vom so genannten Alten Rathaus aus regiert, das am jetzigen Borneplatz liegt. Durch eine umfassende Gebietsreform und das Anwachsen der Bevölkerung ist seit 1978 die Rheiner Stadtverwaltung in einem großen modernen Rathauszentrum untergebracht.

Marktbrunnen mit dem Beckersschen Haus.

Der Marktbrunnen vor einem Barockgiebel.

Pfarrheim mit dem Beckersschen
Haus und die Münsterstraße.

Das Beilmannsche Haus ist das älteste und nahezu komplett erhaltene Beispiel barocker Architektur in Rheine.

Idyllischer Eingang.

Bürgerhäuser an der westlichen Seite des Marktplatzes.

Wochenmärkte werden in Rheine seit 1874 abgehalten. Heute findet jeden Dienstag, Donnerstag und Samstag auf dem Marktplatz, der Marktstraße und Teilen der Klosterstraße ein so genannter „Grüner Markt" statt, auf dem frische Lebensmittel sowie Blumen angeboten werden.

An vielen Plätzen der Innenstadt finden große und kleine Menschen eine Spiel- und Erholungsstätte.

Eingang des ehemaligen Stadtarchivs.

Portal des Jugendheims St. Dionysius.

Das unter Denkmalschutz stehende „Kannegießerhaus" vom Ende des 15. Jahrhunderts
ist das älteste völlig erhaltene Bürgerhaus Rheines. Einem Umbau in der ersten
Hälfte des 17. Jahrhunderts dürften die schönen Staffelgiebel mit den Firstschornsteinen
und den malerischen Steinkreuzfenstern in reinem Renaissancestil zu verdanken sein.

Das Alte Rathaus am Borneplatz wurde 1662 als Franziskanerkloster im Zuge der Gegenreformation errichtet. Nach den Wirren der Säkularisierung blieben nur die beiden unteren Stockwerke als alter Bestand übrig, das dritte Stockwerk und der runde Treppenturm wurden 1887 und 1938 hinzugefügt. Hier war ab 1910 die Rheiner Stadtverwaltung untergebracht.

Das „Strätersche Haus" ließ sich der Kaufmann und Bürgermeister Johann Heinrich Striethorst um das Jahr 1794 im Stil eines Adelspalastes erbauen.

Die neue Treppenanlage hinterm Heiliggeistplatz.

Nachfolgende Seite:
Abendstimmung am Borneplatz.

Das „Carillon" wurde 2007 in Betrieb
genommen und ertönt vier Mal am
Tag. Durch eine integrierte Schaltuhr
können 96 Musikstücke in beliebiger
Reihenfolge abgerufen werden.
Das Glockenspiel, bei der königlich
holländischen Glockengießerei „Petit
& Fritsen" gegossen, verfügt auch
über eine Klaviatur, die eine manuelle
Bespielung ermöglicht.

Auch am Thie
befinden sich
viele gemütliche
Gaststätten.

Das Mühlentörchen am Emswehr weist den Weg von der Innenstadt zum Kloster Bentlage. Erst nach Ende des Siebenjährigen Krieges (1756–1763) wurde es in die aus Bruchsteinen bestehende Stadtmauer in der Nähe des Mühlengebäudes eingebrochen. Die alte Emsmühle stammt aus dem Jahre 1754. Das Wagenrelief am Südgiebel weist als Bauherrn Fürstbischof Clemens August von Bayern aus. Nach 1937 wurde das Silo angegliedert. Der 27m hohe Betonkasten wurde mit dem monumentalen Wandbild des Sämanns vom Maler Karl Wenzel versehen.

Anfang des Jahres 2008 hat das Stadtarchiv im Rathauszentrum seinen Platz gefunden. Benutzer und Archivbesucher finden in dem modernen und hellen dreieckigen Benutzerraum 16 Arbeitsplätze. Das Archiv bietet Lexika und andere Nachschlagewerke sowie Listen und Unterlagen für die Familienforschung, eine große Auswahl an Themen-Büchern sowie stadtgeschichtliche Dokumente. Zusätzlich stehen ein Mikrofilmarbeitsplatz mit Lesegerät und Scanner zur Verfügung. Die Stadtbibliothek, seit 2007 im Rathauszentrum untergebracht, bietet im Hauptraum in vier großen Bereichen Bücher aus der Belletristik und Sachliteratur, der Kinderwelt und dem Jugendbereich an. Im hinteren Bereich bietet eine „Höhle" mit steinzeitlicher Beschriftung Kindern einen Rückzugsort zum Schmökern an. Für Kinder wird sonntags im Rahmen einer Matinee Kindertheater geboten, und jeden Mittwoch ein „Sternstündchen". Erwachsene dürfen sich auf Lyrikabende und Autorenlesungen freuen, und alle zwei Jahre lädt die Stadtbibliothek Groß und Klein zur „Nacht der Bibliotheken" ein.

Rechts der Ems befinden sich viele Einkaufszentren.

Das neu gestaltete Seniorenzentrum am Humboldtplatz.

Standbild der Nepomukgruppe aus dem Jahre 1735.

Im Einkaufszentrum „EmsForum" rechts der Ems.

Die „Gelbe Villa" zeigt den Stil einer italienischen Gartenvilla der Hochrenaissance.
Die strategische Kommunikationsagentur concept X hat hier, neben den Standorten Köln und Berlin, den Hauptsitz.

Die „Rote Villa" ist in Anlehnung an die deutsch-niederländische Renaissancebaukunst
1886 gebaut worden. Heute beherbergt sie die Psychiatrische Tagesklinik des Jacobi-Krankenhauses.

Seit Oktober 1982 wurde das Mathias-Spital (Ersteinweihung am 24. September 1851) in mehreren Etappen umfassend renoviert. Architektonisch greifen die neuen Baukörper die strenge geometrische Form des Altbaus von 1930 auf und komplettieren den gesamten Baukörper zu einem Doppelstern.

Im Innern sorgen helle Flure, bequeme Sitzecken und farbenfrohe Bilder im gesamten Pflegebereich bei aller Weitläufigkeit und Größe für eine freundliche Atmosphäre der Ruhe und des Wohlfühlens.

Aus der 1947 gegründeten
Krankenpflegeschule entwickelte
sich im Gebäude der ehemaligen
Michaelschule eine Akademie
für Berufe im Gesundheitswesen
mit Verbundkrankenpflegeschule,
Fachweiterbildungsstätte
für Anästhesie- und Intensiv-
pflege sowie der Fachschule für
Rettungswesen.

Um die Mitte des 14. Jahrhunderts wurde die Anlage eines Staudamms und einer Mühle gebaut. Das zunächst hölzerne Wehr wurde 1550 unter Bischof Franz von Waldeck durch eine steinerne Mauer ersetzt.

RHEINEHEIMAT

Museen & Sammlungen

Das Falkenhof-Museum bietet dem Besucher einen umfassenden Einblick in die Wohn- und Lebensverhältnisse der westfälischen Adelsgeschlechter. Die Gildenhalle im Kellergeschoss des Haupthauses ist als Heimatmuseum eingerichtet. Hier erinnert die größte westfälische Waffensammlung an die 500-jährige Militärgeschichte der fürstbischöflich-münsterschen Festung Rheine. Die Anordnung nach Hieb-, Stich-, Hand- und Faustfeuerwaffen gibt einen Einblick in die Entwicklung der Wehrtechnik.

Das Hauptwohngeschoss mit seiner prächtig bemalten Holzbalkendecke wurde zum „Morriensaal" ausgebaut, in dem heute Vorträge, klassische Konzerte und literarische Lesungen geboten werden. Das Torhaus des Falkenhofs ist ein wichtiges historisches Denkmal der Adelsbaukunst der westfälischen Renaissance.

Im Kasimir-Hagen-Teil, einem Seitenflügel, werden ausgewählte Grafiken, Gemälde und Plastiken aus fünf Jahrhunderten neben Werken heimischer, westfälischer und europäischer Maler gezeigt.

Auch das 1437 gegründete ehemalige Kreuzherrenkloster und spätere Schloss Bentlage wird heute als Museum für darstellende Kunst und als Stätte für Workshops angehender Künstler genutzt.

Daneben bietet Rheine eine Anzahl kleinerer Museen wie das Imkerei-, Apotheken- und Textilmuseum, das Metropoli, ein „Kino für kleine Leute", und das einmalige museumspädagogische Projekt einer Salzgewinnung.

Der Falkenhof, erstmals in einer Urkunde Kaiser Ludwigs des Frommen aus dem Jahre 838 erwähnt, erhielt seinen Namen nach dem Adelsgeschlecht der von Valke, die von 1371 bis 1521 hier wohnten. Heute beherbergt er das Städtische Museum.

Dietrich Wilhelm von Morrien hatte 1767 dem ehrwürdigen Gebäude den Charakter eines Barockschlösschens gegeben. 1968 begann die Stadt Rheine mit der Herrichtung der so genannten „Gildenhalle" im Untergeschoss als Bürgerstube und Heimatmuseum. Neben vielen Zeugnissen der Geschichte, Kultur und Volkskunde zeigt sie eine Waffensammlung, die als die größte Westfalens gilt.

1968 wurde das Hauptwohngeschoss mit seiner prächtig
bemalten Holzbalkendecke zum
„Morriensaal" ausgebaut, in dem
heute Vorträge, klassische
Konzerte und literarische Lesungen
geboten werden. Das Torhaus des
Falkenhofs ist ein wichtiges
historisches Denkmal der Adelsbaukunst der westfälischen Renaissance. Vermutlich ist dieses Haus
im Jahre 1532 als Torhaus von dem
im Falkenhof residierenden
Ehepaar Dietrich von Morrien und
Anna Valke errichtet worden.

Der Seitenflügel, benannt
nach dem Kölner Kunstsammler
Kasimir Hagen, zeigt ausgewählte
Grafiken, Gemälde und Plastiken
aus fünf Jahrhunderten.
Obendrein zeigt dieser Museum-
steil wechselnde Ausstellungen
mit Werken heimischer, westfälischer und europäischer Maler,
Bildhauer und Zeichner.

Am Ufer der Ems liegt inmitten bäuerlicher Kulturlandschaft das 1437 gegründete ehemalige Kreuzherrenkloster und spätere Schloss Bentlage. Quer durch die Landschaft wurde 1743 eine breite Allee geschlagen, die mit ihren hochstämmigen Eichen und Buchen schnurgerade auf das Kloster hinführt.

In der Frontansicht nähert man sich über eine geschwungene Brücke über einen heute verlandeten Halsgraben. Der Weg zur Westseite wird von zwei Torhäusern eingeengt, die den Eindruck der Gräfte eines Wasserschlosses hervorrufen sollen.

Seit dem Abbruch der Klosterkirche 1828 liegt der ehemals geschlossene Innenhof nach Süden offen. Der Eingang zeigt oberhalb der Portalumrahmung eine lateinische Schriftplatte von 1657, die in geraffter Form die Baugeschichte des Klosters wiedergibt. Zwei heraldische Löwen tragen das Klostersiegel, das über dem Rheiner Stadtwappen das Kreuz Christi zeigt.

Im Februar 2011 endete im Kloster Bentlage die Ausstellung zum 800jährigen Jubiläum des
Kreuzherrenordens. Hier waren einzigartige Ausstellungsstücke zu besichtigen, die zu diesem Anlass von über
30 Leihgebern aus Deutschland, den Niederlanden, Belgien und Frankreich zusammengetragen wurden.

Viele weitere kostbare Objekte wie Handschriften, Goldschmiedearbeiten,
Gemälde und Skulpturen zeugen in Bentlage von der bewegten Geschichte des
Ordens, der im Spätmittelalter seine erste Blütezeit erlebte.

linke Seite: Westfälische Galerie.

Auch die Europäische Märchengesellschaft
ist im Kloster Bentlage untergebracht.

Der Ostflügel beherbergt seit 1996 zwei Museen: Eine Sammlung von Dokumenten und Kunstwerken des Kreuzherrenklosters birgt das Erdgeschoss. Im Obergeschoss befindet sich die „Westfälische Galerie" mit Werken bedeutender westfälischer und in Westfalen wirkender Künstler. Hier werden häufig wechselnde Ausstellungen gezeigt. Diese beiden Bilder zeigen die Ökonomie.

Die Salzwerkstatt bietet sich heute als außerschulischer Lernort an. Seit dem Jahre 2005 wird im ehemaligen Salzsiedehaus als museumspädagogisches Projekt wieder Salz gewonnen, um damit an die einstige Salinengeschichte zu erinnern. Verbunden mit einer Führung zur historischen Anlage der Saline Gottesgabe können Gruppen Einblicke vom gemeinsamen Bau einer Soleleitung bis hin zur Aufbereitung duftender Badesalze bekommen.

Im Obergeschoss der ehemaligen Löwenapotheke am Markt ist das Apothekenmuseum eingerichtet
und zeigt mit Gefäßen und Gerätschaften die 325-jährige Geschichte dieser Apotheke.
Einzelne Ausstellungsstücke stammen noch aus ihrer Anfangszeit um 1677 und werden in einem stilvoll
eingerichteten Raum mit altem Mobiliar ausgestellt. Bei einer Führung mit dem letzten Besitzer
Stefan Planckermann erfahren die Besucher viel über die Arbeitsweise und den Alltag der Apotheke.

Das private Museum im Stadtteil Hauenhorst, „Metropoli – ein Kino für kleine Leute", ist mit
Einrichtungsgegenständen aus ehemaligen Rheiner Kinos ausgestattet. Heinz Schulte sammelte seit
der Gründung im Jahre 2001 viele wertvolle Schätze wie Fotos, Filme und schriftliche
Dokumente, die ein Stück Zeitgeschichte der Stadt Rheine wiedergeben. Im Jahre 2011 wurde
das Museum vom Deutschen Patent- und Markenamt in München mit der Eintragung einer
Marke anerkannt und erhielt den Kulturehrenamtspreis NRW.

Auf der Hofanlage des Heimatvereins Rheine, dem Heimathaus Hovesaat,
pflegt und betreut der Imkerverein das Imkereimuseum und den Lehrbienenstand.
Die Sammlung gibt anhand wertvoller überlieferter und zeitgemäßer Exponate
einen Einblick in die historische und moderne Imkerei.

Das Textilmuseum wurde im Jahre 2005 im Eingangsgebäude des EEC eröffnet. Sein Grundanliegen ist, eine Sammlung textilhistorischer Exponate, die von dem einst für Rheine so bedeutenden Industriezweig überkommen sind, angemessen zu präsentieren, für kommende Generationen zu bewahren und zu dokumentieren.

RHEINEHEIMAT

Kunst & Kultur

Rheine bietet eine Vielzahl an abwechslungsreichen kulturellen und künstlerischen Veranstaltungen. Vom Theater und Klein-Kunst-Spektakel über klassische Konzerte und Messen bis zu Antiquitätentagen und Seminaren. Kunst- und Kulturliebhaber schätzen die attraktive Auswahl in der Stadthalle am östlichen Emsufer.

Im Erholungsgebiet Bentlage findet im Klosterinnenhof die jährliche Open-air-Veranstaltung „Abend der Oper" statt, in Museumsräumen des ehemaligen Klosters können eine Dauerausstellung heimischer Maler und in Wechselausstellungen Gemälde und Skulpturen von bedeutendem Rang bewundert werden.

Mehrmals im Jahr wird die freie Fläche an der Saline zur Freilichtbühne, wenn Jazz-Konzerte und Aufführungen eines Schülertheaters, historische Spiele und Licht-Spektakel, Lesungen zum Geburtstag des Heimatdichters Josef Winckler und Auftritte beliebter Comedykünstler viele Zuschauer anlocken.

Volkstänze an vielen Orten Rheines lassen die regionale Erinnerung wach halten, und zwei Heimatbühnen zeigen aufwändige Theaterspiele und bewahren und kultivieren in ihren Jahres-Aufführungen die plattdeutsche Sprache.

Die abendliche Unterhaltung kann in Diskotheken, Kinos und Kneipen in breiter Vielfalt erlebt werden.

Auf dem Gelände östlich der Ems, auf dem die erste dampfbetriebene Baumwoll-
spinnerei Westfalens stand, wurde die von den Rheinensern lange gewünschte
Stadthalle erbaut. Die Einweihung dieser Multi-Funktionshalle fand am 29. Oktober
1991 statt. Die Stadthalle Rheine bietet nicht nur Kultur- und Theatervorstellungen
an, sondern insbesondere finden hier Tagungen, Seminare, Meetings aller Art,
Jubiläen, Produktpräsentationen und Betriebsversammlungen statt. Der „Kultur-
und Kleinkunstring Rheine e. V." (KuKuK) sorgt seit über zwanzig Jahren
für Highlights der Kleinkunst, die seit 2011 in der Stadthalle präsentiert werden.

Das Städtische Theaterprogramm startete am 7. November 1991 mit der Mozart-Oper „Die Entführung aus dem Serail" zu Ehren des 200. Todesjahres des Komponisten.

Die „Niederdeutsche Bühne" hält in ihren vielen Auftritten das Münsterländer Platt lebendig. Neben ihrem jährlichen Theaterspiel im März ist die Bühne auch zu vielen anderen Gelegenheit aktiv. Die „Heimatbühne Altenrheine" ist ein traditioneller Verein, der alljährlich ein plattdeutsches Theaterstück aufführt, das in der Vorweihnachtszeit präsentiert wird und dem Publikum einige unbeschwerte Stunden bereitet.

In stimmungsvoller Atmosphäre finden an bedeutsamen Örtlichkeiten in Bentlage
und in der Innenstadt erstklassige literarische Lesungen statt. Neben den vielen
Rezitationen, die bei Jubiläen, historischen und aktuellen Anlässen angeboten
werden, erfreuen die Adventslesungen in der alten Remise des Klosters Bentlage und
die Lesung unter der Tanzlinde zum Geburtstag des Heimatdichters Josef Winckler
sowie die jährliche Lesung in den Fenstern der Häuser am Marktplatz sich
großer Beliebtheit. Aber auch Comedykunst wie „NightWash" und regionale Volkstänze werden an unterschiedlichen Orten in Rheine regelmäßig aufgeführt.

„Nightwash" am Kloster Bentlage.

Lesung (ReciTour) unter der Tanzlinde.

Open-Air-Veranstaltungen sind immer wieder ein Hochgenuss.

Volkstanzgruppe.

nächste Seite:

Der Städtische Musikverein Rheine ist seit seiner Gründung im Jahre 1910 nicht mehr aus dem kulturellen Leben der Stadt Rheine wegzudenken. Zusammen mit dem Musikverein Gronau, mit welchem seit 1966 eine Chorgemeinschaft besteht, werden bedeutende Musikwerke aufgeführt. Auf den nachfolgenden Seiten sehen Sie eine Aufführung in der Stadtkirche.

Seit dem Abbruch der Kirche 1828 liegt der ehemals
geschlossene Innenhof des Klosters Bentlage nach Süden
offen. In diesem findet seit 2002 der „Abend der Oper"
als aufwändige Open-Air-Veranstaltung statt.

2011 wurde das
1. Rheine-Live-Festival
u.a. mit „Extrabreit" und
„Scooter" präsentiert.

RHEINE HEIMAT

Kirche & Glauben

Kirchen und Friedhöfe sind Orte der Besinnung und der Begegnung im Glauben. Die Giebelhäuser am Marktplatz überragt die Stadtpfarrkirche St. Dionysius, die um 1400 ihren baulichen Beginn nahm und erst im Jahre 1520 fertiggestellt wurde. Mit ihrem wuchtigen Turm ist sie zum Wahrzeichen Rheines geworden und mahnt immer noch an die mittelalterliche Vorstellung, dass neben der alltäglichen Betriebsamkeit die innere Ruhe im Schutze Gottes ihre Bedeutung hat.

Kulturhistorisch bedeutend ist die St. Antonius-Basilika. Mit ihrem höchsten Turm des Münsterlandes vermittelt sie die Pracht und den Reichtum einer ehemals blühenden Textilstadt und ist nach Ausmaß und Gestaltung eines der wichtigsten Beispiele des Historismus. Neben der reichen Ausstattung ist eine Krypta zu besichtigen, die in der Weihnachtszeit eine viel besuchte einzigartige Krippenausstellung zeigt.

Inmitten des umtriebigen städtischen Lebens steht die kleine Bönekerskapelle aus dem Jahre 1684, die der Himmelfahrt Mariens geweiht ist. Eine weitere Rarität ist die alte Pfarrkirche St. Johannes Baptist am Südrand des Ortsteils Rheine-Mesum.

Einen Ort des ewigen Gedenkens bieten die Friedhöfe der Stadt. Neben dem Alten Friedhof, der in einen Park umgestaltet ist, sind die Friedhöfe „Eschendorf" mit einem Areal für jüdische Verstorbene und „Königsesch" Begräbnisstätten, die von frommem und hoffnungsvollem Jenseitsglauben Zeugnis ablegen.

St. Antonius-Basilika.

Der Altarraum.

Die unterirdische Krypta.

nächste Doppelseite: Innenansicht der St. Antonius-Basilika als 360° Panorama.

Das Hauptschiff, von der Lobback-Orgel aus gesehen.

Die Antonius-Basilika, in den Jahren 1899 bis 1905 erbaut, ist kultur-
geschichtlich das bedeutendste Beispiel für den Historismus. Sie vermittelt
mit seinem höchsten Turm im Münsterland Pracht und Reichtum einer
blühenden Textilstadt, mit seiner Anlehnung an den mittelalterlichen Stil
tiefe Frömmigkeit und mit seinen zahlreichen bildlichen Anspielungen an
religiös-historischen Vorbildern eine kunstgeschichtliche Bildung.

Von überregionaler Bedeutung ist die Krippe in der Antonius-Basilika. Seit 1980 wird sie jedes Jahr zum Weihnachtsfest im westlichen Teil der Krypta aufgebaut. Durch die Nutzung des nicht als Krypta ausgebauten unterirdischen Raumes entsteht eine beeindruckende Tiefenwirkung der Krippenlandschaft. Angefangen von der Verkündigung an die Hirten bis zur Flucht nach Ägypten wird der Beginn des Lebens Jesu mit teilweise über 100 Jahre alten Gipsfiguren dargestellt. Das figürlich inszenierte Weihnachtsgeschehen ist vom 25. Dezember bis zum 25. Januar für Tausende von Besuchern zur Tradition geworden.

Die Stadtpfarrkirche St. Dionysius erhebt sich über die Giebelhäuser am Markt. Wahrscheinlich auf dem Grund einer karolingischen Missionskapelle aus dem 9. Jahrhundert wurde zu Beginn des 15. Jahrhunderts eine neue Kirche im damals beliebten Stil einer westfälischen Stufenhalle errichtet. Nach langer Bauzeit, die mehrfache Anpassungen an jeweils moderne Stilrichtungen erforderte, wurde sie 1520 vollendet.

Weitere Daten: Beginn um 1400 mit nördlichem Seitenschiff, Altarweihe 1424; Weiterbau des Chores bis zur Weihe 1450; südliches Seitenschiff 1464, Einzug des Gewölbes 1480, Weihe 1484; Turm 1494, Fertigstellung 1520.

Der Altarraum von oben und unten gesehen.

Das Hauptschiff in Richtung Westen und Osten gesehen.

Die der Himmelfahrt Mariens geweihte „Bönekerskapelle" aus dem Jahre 1684 ist als Bauwerk
aus der Barockzeit eine Rarität. Auf Betreiben des Hauskaplans Bernhard Böneker entstand
diese Kapelle an der Stelle eines von Johann Grüter errichteten Armenhauses. Die spitzbogigen
Fenstermaßwerke täuschen eine Erbauung in der Zeit der Spätgotik vor.

Bis zum Jahre 1807 hatte der „Alte Friedhof" als einziger Begräbnisplatz für alle Verstorbenen in der Stadt Rheine und den zugehörigen Bauerschaften gedient. Nach Erweiterungen und der Eingliederung der evangelischen Gemeinde 1884 erreichte dieses Areal seine größte Ausdehnung.

1908 musste der nun „Alter Friedhof" genannte Begräbnisplatz mit Ausnahme der Familiengruften geschlossen werden, der evangelische Teil blieb bis 1929 erhalten. Nach dem Ende offizieller Bestattungen wurde dieses Areal ab 1965 zum Park umgewandelt.

In schlichter Würdigung die Grabmäler
der gefallenen Soldaten des Zweiten Weltkrieges.

Imposante Grabstätten auf dem
Friedhof Eschendorf.

Der katholische Friedhof Eschendorf konnte im Jahre 1908 als neuer Friedhof seiner Bestimmung übergeben werden. Aus demselben Jahr stammt das monumentale und symbolträchtige Eingangstor.

Die Alte Kirche, ehemalige katholische Pfarrkirche „St. Johannes Baptist", liegt am Südrand des Ortsteils Rheine-Mesum. Sie wurde auf einem günstig gelegenen Grundstück des Mesumer Schultenhofes kurz nach 1342 im gotischen Stil, vermutlich aus dem Material der 1343 geschleiften Schwanenburg, erbaut. Der Turm, der kaum über das Kirchendach hinausragte, wurde 1888 für den Neubau der neuen Pfarrkirche bis auf einen Stumpf abgerissen, seine Steine wanderten in das Fundament der Neuen Kirche. 1898 wurden Turmstumpf und abgerissene Sakristei restlos beseitigt und das übrige Kirchengebäude instandgesetzt.

nächste Doppelseite:
Innenaufnahme der
St. Ludgerus-Kirche zu Elte.

RHEINEHEIMAT

ElMesHorst

ELMESHORST

Der südliche Stadtrand wird von der Rheiner Bevölkerung liebevoll „ElMesHorst"
genannt, eine Wortbildung aus den drei Ortsteilen Elte, Mesum und Hauenhorst.
Der Dorfkern Eltes, der auf einem Esch die kleine Pfarrkirche zeigt, hat sich das
Bild eines Bauerndorfes am reinsten bewahrt. Größere Neubausiedlungen, die
in den letzten Jahren entstanden sind, liegen außer Sichtweite des alten Dorf-
kerns und trüben nicht das idyllische Gesamtbild des Ortes.
Das Dorfbild Mesums ist durch die lockere Bebauung geprägt. Wie in eine Park-
anlage sind Neubausiedlungen an dieses dörfliche Bild angeglichen.
Auch der Ortsteil Hauenhorst zeigt eine lockere Bebauung um den Hauen-
horster Esch. Der rein bäuerliche Charakter wurde erst in den letzten Jahren
durch attraktive Wohnsiedlungen verlassen.
Im Südgürtel „ElMesHorst" können wunderschöne Fachwerkhäuser und alte
Kirchen, abgelegene Rad- und Wanderwege und idyllische Auen entdeckt
werden. Häuser und Höfe erinnern an alte Zeiten und sind heute Oasen der
Ruhe und Beschaulichkeit.
Die einst bäuerlich orientierten Dörfer haben sich in den letzten Jahren zu Stadt-
randsiedlungen mit hoher Wohn- und Lebensqualität entwickelt. Daneben haben
Elte, Mesum und Hauenhorst neben guten Einkaufsmöglichkeiten die Bereiche
Kultur und Bildung weiterentwickelt.

Die Familie Pöpping hat sich einen Lebenstraum erfüllt und sich eine geschichtsträchtige Ansammlung erhaltenswerter uralter Gemäuer geschaffen, in denen es sich gut leben und arbeiten lässt.

Das 1812 von Josef Lübke erbaute Fachwerk. Im Innern steht aus selbigem Jahr ein offener Kamin, welcher noch heute genutzt wird. 1986 wurde das „Helmersche Haus" zum Denkmal ernannt.

Der Süden von Rheine ist eine wahre Oase. „Kradler",
Radfahrer und Spaziergänger finden hier ein gut ausgebautes
Wegenetz. Selbst die Ems kann an der Bockholter Emsfähre
trockenen Fußes überwunden werden.

Das Bauernhaus Hof-Schulte-Mesum wurde 2004 umfassend restauriert.
Heute dient es zu Wohnzwecken.

Der Fachwerkspeicher auf dem Hof Strohbücker-Jochmaring
ist wohl der älteste Speicher in Rheine.

Großartige Bäume, die im Herbst ihre gesamte Farbenpracht zeigen,
finden sich immer wieder an den Emsufern rund um Rheine.

Das Josef-Kamp-Haus dient heute als Heimathaus
im Dorfzentrum Mesum.

Rechts: Der unter Denkmalschutz gestellte Spieker ist einer
der drei noch erhaltenen Speichergebäude in Mesum.
Bei seiner Translozierung blieb 1985 unter Verwendung der
Originalmaterialien die ursprüngliche Bausubstanz
nahezu völlig erhalten. Der durchgezapfte Balken mit Doppel-
schloss ist ein beachtenswertes Baudetail.

Als einziges intaktes Beispiel
einer bäuerlichen Mühlenanlage
im Raum Rheine dienen die
Doppelmühlen Schulte Höping.
Sie dokumentieren als ein gut
erhaltenes Zeugnis die Arbeits-
und Produktionsverhältnisse
auf Höfen seit dem Mittelalter.

RHEINEHEIMAT
Freizeit & Erholung

FREIZEIT & ERHOLUNG

Die Ems schuf im Laufe der Zeit ein idyllisches Landschaftsbild in Rheines städtischer Umgebung. Inmitten einer parkähnlichen Landschaft bietet Rheine einen großen Freizeit- und Erholungswert mit vielfältigen Angeboten, ob beim Wandern oder Radeln, ob beim Ausruhen oder Erholen.

Inmitten einer lieblichen Flusslandschaft und ausgedehnter Wald- und Wiesenflächen laden ausgezeichnete Rad- und Wanderwege zur Entspannung und Beschaulichkeit ein. Die Emsauen, das grüne Umland mit dem Salinenpark und dem Naturzoo bieten attraktive Spaziergänge und Radwege.

Der Bentlager Wald stellt mit seinem ehemaligen Kloster/Schloss Bentlage eine einzigartige Kulturlandschaft dar. Das Gradierwerk, Salzsiedehaus und heutige Restaurant „Gottesgabe" versetzen den Besucher in die hohe Zeit der Salzgewinnung, die erst in der Mitte des 20. Jahrhunderts eingestellt werden musste. Jetzt lädt die Parkanlage Saline zu vielen Aktivitäten ein, ob beim Joggen, Radfahren oder Verweilen.

In unmittelbarer Nähe zur Saline wurde Rheines Heimatdichter Josef Winckler geboren. Ein Museum ist in seinem Geburtshaus eingerichtet.

Auch der Walshagenpark, der Stadtpark und die Naturflächen um die Heimathäuser zeigen die vielfältigen Freizeit- und Erholungsangebote in und um Rheine.

Die Parkanlage Saline lädt zu vielen Aktivitäten ein,
ob beim Joggen, Radfahren oder Verweilen.

Vom Gradierwerk, wegen seines Satteldachs auch Gradierhaus genannt, ist nur der 35 m lange Westteil erhalten. Sein Holzrahmenwerk mit seinen freiliegenden Balkenanlagen und freistehenden Ständern und Streben ist ein eindrucksvolles Werk barocker Zimmermannskunst (Bauherr: Salinist Joachim Friedrich von Beust).

Man schnappt sich als Besucher einfach eine Bank und probiert in Ruhe einmal, ob der hier gestaltete Platz mit den persönlichen Vorlieben übereinstimmt.

Geburtshaus des Heimatdichters Josef Winckler (1881–1966) an der über
160 Jahre alten Tanzlinde. Heute zeigt es Gemälde, eine reichhaltige Bibliothek
mit wertvollen Erstausgaben Wincklers und sein „Dichterzimmer".

1937 als Heimattiergarten gegründet, erfreut sich der Rheiner „Naturzoo" einer weiten Beliebtheit. In den letzten 30 Jahren ist besonderer Wert auf die naturnahe Gestaltung der Gehege gelegt worden.

Ein Schwerpunkt im Naturzoo Rheine ist die Haltung von Affen: Im Affenwald
leben 30 Berberaffen oder Magots aus dem marokkanischen Atlas-Gebirge.
Die Besucher können sich in dem großen Gelände inmitten der Affen bewegen.
Eine Besonderheit in Rheine ist die spielerische Zoo-Pädagogik mit
einer Vielzahl von Lernspielen, Lehrpfaden und interaktiven Informationen.

Ob auf gut ausgebauten Freizeitrouten oder
über den Dächern von Rheine: Es gibt viel Ablenkung
und viel zu sehen während der Erholungsphasen.

Rheine ist eine sportliche Stadt. Insgesamt haben die 70 Rheiner Sportvereine mehr als 25.000 Mitglieder. In 52 angebotenen Sportarten können Kinder, Jugendliche und Erwachsene vielfältige Angebote wahrnehmen. Das Jahnstadion, eins von neun Stadien, hat ein Fassungsvermögen von 5.000 Besuchern und wurde zu einem wahren Schmuckkästchen ausgebaut. Im Jahr 2011 erhielt es „weltmeisterliche Ehren", als dort die Weltmeisterschaften der Gebrauchshunde stattfanden.

Nach einer ausgiebigen Radtour durch Rheines grüne Oasen finden sich
viele Pausenziele, ob in der Innenstadt oder auf dem Lande.

Der Bentlager Wald mit seinen Alleen und stillen schattigen Emspartien
birgt eine Vielzahl grüner Kleinodien. Aber erst die Verbindung von ungestörtem
Naturgenuss und beeindruckenden historischen Zeugnissen machen diesen
weitläufigen stadtnahen Landschaftspark zu einem einzigartigen Erlebnisraum.

Eine einzigartige Kulturlandschaft stellt der Bentlager Wald dar,
in dem sich umfangreiche Feuchtgebiete und ausgedehnte Waldflächen
mit trockenen, fruchtbaren Böden abwechseln. Derart von der Natur
begünstigt, bildete die landschaftliche Vielfalt an Weiden, Wiesen
und Wäldern einst die wirtschaftliche Grundlage für das sich entfaltende
klösterliche Leben der hier seit 1437 ansässigen Kreuzherren.

Der Walshagenpark wurde 1977 von
der Stadt Rheine gekauft und zum
Naherholungsgebiet erklärt.
Im Jahre 1985 wurde in der Nähe
des Fachwerkhauses ein alter Schafstall
(Einweihung im Spätsommer 1988)
errichtet, der früher auf der
Hovesaat gestanden hatte. In letzter
Zeit finden hier vielfältige
kulturelle Veranstaltungen statt.

Die Seniorenanlage
„Scheipers Hof" ist in
den wunderbar gele-
genen Walshagenpark
eingebunden.

Auf der fruchtbaren Acker-
kämpe, inmitten von Wiesen,
Weiden und Wäldern am
rechten Emsufer, liegt das
Heimathaus „Hovesaat", das
in seinem Namen an eine
ehemals ertragreiche Ernte
(„hohe, hauge, hove saat")
erinnert. Die Nutzung der
Hofanlage übernahm der
Heimatverein Rheine e. V., der
das Anwesen „Heimathaus
Hovesaat" nannte und seitdem
landwirtschaftliches Leben
und Arbeiten dokumentiert.

Auch im Herbst lädt der Stadtpark zu Spaziergängen ein.

Der Stadtpark wurde im Jahre 1952 auf dem 4 ha großen Gelände eines ehemals privaten Landschaftsparks eröffnet. Nach Plänen des Landschaftsplaners Max Karl Schwarz aus Worpswede wurde der nördliche Teil des ehemaligen Gutsparks zwischen Hemelter Bach und Teichanlage von städtischen Gärtnern gestaltet. 1966 erhielt der Stadtpark mit Anschluss der Grünflächen im südlichen Bereich seine heutige Ausdehnung und bietet ruhige Spazierwege durch verschiedene Themengärten und Zierbeete und zahlreiche Ruheplätze an. Daneben erfreuen sich ein Restaurant, Kinderspielplatz und Musikpavillon für sommerliche Stadtparkkonzerte, eine Minigolf-anlage und Schachecke großer Beliebtheit.

Das Freibad wurde 1952 eröffnet und in den Jahren 1996/1997 zu einem Erlebnisbad umgebaut, 2002/2003 kam ein Sprungbecken hinzu. Über ein eigenes Blockheizkraftwerk, eine zusätzliche Gasheizung und eine große Solaranlage werden vier Becken auf angenehme 23° Celsius aufgeheizt. Jährlich finden in den Sommerferien Programme für Kinder statt.

RHEINE HEIMAT

Feste & Feiern

Rheine hat seine alljährlich wiederkehrenden Feste und Veranstaltungen. Besucher aus Rheine und der weiteren Umgebung feiern die dreitägige Straßenparty und das große Winzerfest, sie besuchen den Krammarkt zum Kauf alltäglicher Gebrauchsgegenstände und die traditionellen Wochenmärkte. In der Winterzeit locken das Spiel um den heiligen Martin, der Nikolausumzug und der Weihnachtsmarkt viele Besucher an.

Tradition hat der Rosenmontagszug, der sich als „Lindwurm der Freude" über drei Stunden durch die Innenstadt schlängelt.

Eine Großveranstaltung ist das dreitägige Musikfestival auf der schwimmenden Emsbühne. Diese im weiten Umkreis einzige Location wird mit Auftritten heimischer Musikgruppen und Rock-Bands, mit Schlagerrevuen und Kindertheater zu einem fantastischen Anziehungspunkt für Jung und Alt, für Groß und Klein.

Das dritte Wochenende im Oktober bietet auf zwei großen Plätzen und in der gesamten Innenstadt eine Kirmes mit spektakulären Attraktionen.

Der letzte Samstag in den Sommerferien gehört den „Schnäppchen"-Jägern aus dem Ruhrgebiet und dem Münsterland, dem Emsland und den Niederlanden. An mehr als 1.300 Ständen verkaufen Kinder gebrauchte Spielsachen und ausgelesene Bücher, zu klein gewordene Kleidung und umfeilschte Kuriositäten. Dieser Kinderflohmarkt, der Tausende von Besuchern anlockt, avancierte zum größten Kinderflohmarkt Deutschlands.

Je an vier Tagen lassen Rhythmen, die ins Blut gehen, die schwimmende Emsbühne und das Emsufer wieder zu einem fantastischen Anziehungspunkt werden. Ein eindrucksvolles Programm mit täglichen musikalischen Highlights für jedermann, direkt auf den Fluss, bringt Leben in die Stadt.

Die Saline wirkt nicht immer idyllisch.

Der Mittelaltermarkt ist für die ganze Familie ein
rasantes und abwechslungsreiches Ereignis.

Das dritte Wochenende im Oktober gehört der Rheiner Kirmes. Dann warten spektakuläre Attraktionen auf dem Emstor- und dem Elisabethplatz sowie in der Innenstadt auf alle Kirmesfreunde.

Der größte Kinderflohmarkt Deutschlands, der jährlich am letzten Samstag
der Sommerferien Nordrhein-Westfalens stattfindet, erfreut sich seit Jahren größter
Beliebtheit. In der gesamten Innenstadt stehen ca. 1.300 Kinder und preisen ihre
Artikel an. Im Mekka für Schnäppchenjäger wird gehandelt, gefeilscht und getauscht.
Dieses Großereignis ist mittlerweile zur Kultveranstaltung in der gesamten
Region avanciert. Für viele Besucher aus dem Münsterland, den Niederlanden und
dem Ruhrgebiet ist der Termin ein fester Bestandteil ihrer Jahresplanung.

Der Rosenmontags-
umzug, jedes Jahr unter
einem anderen Motto
stehend, bringt Leben
an die Ems. Alle Rheiner
Karnevalsvereine
und Freunde locken
mit ca. 40 fantastischen
Wagen und fast
50 tollen Fußgruppen
in die Innenstadt.

Der Weihnachtsmarkt verbindet Tradition und Moderne. Neben Glühwein- und
Bratwurstständen bieten Kunsthandwerker ihre adventlichen Produkte und einige
Kirchengemeinden Selbstgefertigtes an. Weihnachtslieder für Kinder, klassische
Melodien und Adventsgeschichten stehen ebenfalls auf dem Programm.
An den Abenden sind Jazz, Blues und Rock in weihnachtlicher Atmosphäre auf
einer Bühne zu hören.
Am Vortage des 6. Dezember kommt in Rheine der Nikolaus mit dem Schiff
über das Wasser der Ems. Begleitet von Fackeltauchern trifft der heilige Mann
mit seinem Gefolge am späten Nachmittag in der Innenstadt ein.

RHEINEHEIMAT

Impressionen in Weiß

IMPRESSIONEN IN WEISS

Das Leben in der Stadt scheint sich langsamer zu bewegen als sonst, Entschleunigung und Ruhe sind angesagt. Die Winterlandschaft findet in der Poesie ihren adäquaten Ausdruck.
Nie ist die Luft klarer und sind die Abende behaglich-gemütlicher als zu dieser Jahreszeit.
Die Zeit des Winters rührt an die Tiefen der menschlichen Seele.
Knirschender Schnee unter den Füßen, Eiskristalle an wintergrünen Pflanzen und eine strahlende Wintersonne laden dazu ein, einen Gang durch die Natur zu genießen.

Unendlich dehnt sie sich, die weiße Fläche,
bis auf den letzten Hauch von Leben leer;
die muntern Pulse stocken längst, die Bäche,
es regt sich selbst der kalte Wind nicht mehr.
Der Rabe dort, im Berg von Schnee und Eise,
erstarrt und hungrig, gräbt sich tief hinab,
und gräbt er nicht heraus den Bissen Speise,
so gräbt er, glaub' ich, sich hinein ins Grab.
Die Sonne, einmal noch durch Wolken blitzend,
wirft einen letzten Blick aufs öde Land,
doch, gähnend auf dem Thron des Lebens sitzend,
trotzt ihr der Tod im weißen Festgewand.
(Friedrich Hebbel)

Die Innenstadt kann auch im
Winter voller Trubel sein
wie hier auf dem Krammarkt
mit einer über 500jährigen
Tradition, aber auch
wohnlich ruhig wirken wie auf
dem Marktplatz (rechts).

Nachfolgende Doppelseite:
Emslandschaft im Winter, im Hintergrund die Basilika.

An der Saline laden beschauliche Spaziergänge ebenso ein wie am Heimathaus Elte.

Spaß auch im Winter, ob bei einer Schneeballschlacht im Stadtpark …

... oder beim Toben in den Alleen an der Ems.

Lädt zu einem Spaziergang ein: der Friedhof an der Salzbergener Straße, der im Winter ...

... beschaulich und behaglich wirkt.

Wie ist so herrlich die Winternacht,
Es glänzt der Mond in voller Pracht
Mit den silbernen Sternen am Himmelszelt.

Es zieht der Frost durch Wald und Feld
Und überspinnet jedes Reis
Und alle Halme silberweiß.

Er hauchet über dem See, und im Nu,
Noch eh' wir's denken, friert er zu.

So hat der Winter auch unser gedacht
Und über Nacht uns Freude gebracht.
Nun wollen wir auch dem Winter nicht grollen
Und ihm auch Lieder des Dankes zollen.

(Hoffmann von Fallersleben)

Die „Keimzelle" von Rheine im Winter.

Schäfergruppe im Walshagenpark am Schafstall.

Über 16 Monate lang habe ich Rheine mit der Kamera eingefangen. Mir war es wichtig, die unterschiedlichen Jahreszeiten festzuhalten sowie die ersten und die letzten Sonnenstrahlen einzufangen. Oft werde ich gefragt wie lange ich an einem Bild arbeite. Dies kann man nicht pauschal beantworten. Im Grunde nur 1/125 Sekunde! Dabei vergisst man jedoch die Vor- und Nachbereitung. Was bedeutet, dass ich Rheine erst einmal gründlich erkunden musste, denn es galt herauszubekommen, wann wo und wie tief die Sonne steht. Mir ist nicht bewusst, wie viele Kilometer ich auf meinem Rad und zu Fuß zurück gelegt habe, aber es müssen weit über tausend sein. Manche Motive sind mir einfach nur so zugeflogen. Andere Motive musste ich bis zu fünf Mal aufsuchen, da das Wetter, ein parkendes Auto, eine plötzliche Baustelle meine geplante Fotografie nicht zuließ. Hatte es dann doch geklappt, und ich war mit meiner Aufnahme zufrieden, galt es diese im Labor zu entwickeln. Zum Glück ist heutzutage mit Computertechnik das Labor mit heller Sicht verbunden. Dennoch verbrachte ich noch einmal die gleiche Zeit am PC wie bei meiner Vorbereitung, denn es galt die Kontraste und Farbe dem gewünschten Bild anzupassen. Somit ist es schwer zu beurteilen, wie lange man für eine Fotografie benötigt. Ich kann nur sagen, dass es für mich immer erneut bedeutet, wenn andere feiern, sich im Café treffen oder grillen, loszuziehen, um das perfekte Licht einzufangen. Und dennoch werden Sie vielleicht ein Motiv vermissen. Alle angefertigten Aufnahmen in dieses Buch zu nehmen, würde bedeuten, es zu „sprengen".

Die Qualität eines Buchprojektes ist niemals nur dem Fotografen zu verdanken, sondern beruht auf der Arbeit vieler. Der gründliche Austausch zwischen Fotograf, Grafiker, Texter und Verlag garantiert erst das erfolgreiche Umsetzen eines Bildbandes. Durch das große Engagement, Einfühlungsvermögen und die Ausdauer aller Beteiligten gelang es, meine Fotografien in Buchform präsentieren zu können.

Ihnen allen gehört mein aufrichtiger Dank:

Meinem Freund und Fotografen **Wolfgang Beyer** für die technische Unterstützung und die stundenlangen Sitzungen der zu betrachtenden Bilder. Die Luftaufnahmen von Rheine wären mir nicht gelungen, hätte ich nicht einen Profi an meiner Seite gehabt. Danke dem Piloten **Wolfgang Pauliks**. Vielen Küstern ist es zu danken, dass es mir gelungen ist, auch die Kirchen von innen in einem tollen Licht darzustellen. Besonders möchte ich hier **Friedel Theismann** und dem Küster **Wolfgang Teepe** für ihre stetige Hilfe danken. **Franz Greiwe** und **Karin Kühling** für schöne Spaziergänge durch Mesum und Elte. Für die tagelange Ansicht und das schmerzliche aber professionelle Aussortieren meiner Fotografien sowie das herrlich klare und ausgeglichene Layout danke ich **Stefan Engelen**. Für tolle Ideen, wertvolle Tipps in letzter Minute, sage ich vielen Dank an **Christoph Mess**. Dem Verkehrsverein Rheine, allen voran **Claudia Kösters**, für die unzähligen E-Mails mit Fotovorschlägen von touristischen Ereignissen. Dem gesamten **Team** der **Stadthalle Rheine** für eine tolle Zusammenarbeit. Meinen Schwestern **Gaby** und **Conny** für die stundenlangen Telefonate. **Margret und Bernhard Gotke** für die Unterstützung jeglicher Art. Für das einfühlsame Essay in diesem Buch möchte ich mich bei **Heinz Schulte** ebenso bedanken wie für seine Zeit, die er mir entgegen gebracht hat. Mein ganz besonderer Dank gilt **Dr. Ingmar Winter**. Nicht nur, weil er sich die Zeit genommen und die passenden Texte für meinen Bildband geschrieben hat, sondern auch für seine Spontanität, für das „in die Bresche springen" und seine guten Ideen. Zu guter Letzt möchte ich meiner Frau **Anja Jongebloed** danken, die ihre Bedürfnisse für mich zurück steckt und mir mein Leben mit ihrer stets offenen und fröhlichen Art an meiner Seite versüßt.
In Gedanken an meine Mutter **Resi Jongebloed**.

Mijo M. Jongebloed

IMPRESSUM

Umwelthinweis:
Der Inhalt dieses Buches wurde auf Papier
mit chlorfrei gebleichtem Zellstoff gedruckt.
Das Einbandmaterial ist recyclebar.

Die Deutsche Bibliothek – CIP Einheitsaufnahme

Rheine Heimat
Mijo M. Jongebloed, Dr. Ingmar Winter
Steinfurt; Tecklenborg Verlag, 2011
ISBN: 978-3-939172-83-3
1. Auflage 2011
© 2011 by Tecklenborg Verlag, Steinfurt, Deutschland
Alle Rechte vorbehalten

Gesamtherstellung: Druckhaus Tecklenborg, Steinfurt

ISBN: 978-3-939172-83-3